AU PEUPLE PORTUGAIS

PROTESTATION

DES

JÉSUITES EXPULSÉS

BRUXELLES
LIBRAIRIE ALBERT DEWIT
Rue Royale, 53
1910

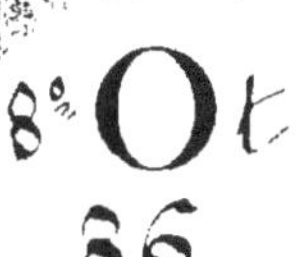

AU PEUPLE PORTUGAIS

PROTESTATION

DES

JÉSUITES EXPULSÉS

BRUXELLES
LIBRAIRIE ALBERT DEWIT
Rue Royale, 53

1910

AU PEUPLE PORTUGAIS

PROTESTATION DES JÉSUITES EXPULSÉS (1)

Pendant les jours longs et très douloureux que dura l'exode des fils de la Compagnie de Jésus contraints de prendre le chemin de l'exil, expulsés de la patrie qu'ils aimaient tant et traités comme les pires criminels après avoir passé leur vie entière à se sacrifier pour le bien d'autrui, j'ai été absorbé par le souci de la vie de mes frères et la recherche d'un nouveau champ d'action où ils pussent exercer leur zèle. Il ne m'est pas resté un instant pour faire entendre à ma patrie le cri de protestation que mon cœur de Portugais, ma dignité de chrétien, de religieux et de prêtre, la responsabilité de ma charge réclamaient impérieusement.

Dans la protestation que j'élève, je parlerai exclusivement des religieux de la Compagnie de Jésus, les seuls dont la direction m'appartient. Mais je ne puis manquer d'envoyer d'abord un salut aux membres de tous les autres ordres et congrégations, frères très aimés, vénérés compagnons à l'heure de la tribulation, héros persécutés, auxquels fut donnée une large participation à la croix de Jésus-Christ, car ils furent insultés, emprisonnés, et quelques-uns même subirent la mort, nobles victimes, qui ont scellé par le sang du martyre, une vie de sainteté et de sacrifices.

(1) Nous donnons la traduction parue dans les *Études* du 5 décembre, et qu'on a bien voulu nous autoriser à reproduire.

Mais en m'adressant à mon pays, à cette heure solennelle, j'ai le devoir de parler de mes fils, de crier la douleur que m'arrache le souvenir de leurs souffrances et de protester qu'ils sont innocents des crimes dont on les charge.

* * *

En plein siècle de la liberté, des hommes qui se vantent de tolérance, au nom des principes d'égalité, en un seul instant, chassèrent du territoire portugais plus de trois cents de leurs compatriotes habitant une vingtaine de maisons sur le continent et dans les domaines d'outre-mer, en Afrique, en Asie et en Océanie, sans les avoir convaincus d'un seul délit, sans leur permettre une seule parole de défense, sans leur donner le temps de réunir leurs biens, leurs livres, leurs écrits, fruit d'un travail de plusieurs années passées dans une vie d'études incessantes. Au nom de la liberté, on nous a tout pris, on nous a dépouillés de tout, on s'est emparé de nos propriétés et de nos maisons. Quelques-unes de ces maisons avaient été construites avec les épargnes faites sur les pensions de nos élèves, à force d'administration sévère et d'économie désintéressée. D'autres avaient été achetées par des personnes privées, de leurs propres deniers, et étaient légalement enregistrées en leur nom. En même temps que des édifices et des terres, on a pris possession de tout ce qu'elles contenaient. Il y avait des collections scientifiques de premier ordre, comme les musées, cabinets et laboratoires des collèges de Campolide et de San Fiel, dans lesquels, pendant l'espace de cinquante ans et plus, les contributions mensuelles de nos élèves, la générosité d'amis qui nous étaient tout dévoués, le travail intelligent, passionné, désintéressé des Pères et des Frères, avaient réussi à rassembler un matériel d'études qui, à tous les titres, était nôtre, et seulement nôtre.

Les bibliothèques, réunies durant un demi-siècle par les mêmes moyens, les vestiaires où était gardé ce qui appartenait à chacun de nous, les cellules où, en dehors d'un lit modeste, d'un lavabo, on ne voyait qu'une table de travail et une petite bibliothèque où étaient rangés les compagnons silencieux des heures dérobées à la futilité et même aux honnêtes loisirs ; tout cela, en un moment, fut déclaré propriété d'Etat ; et nous, dépouillés sommairement et arbitrairement, expulsés de nos demeures, nous fûmes conduits, au milieu des soldats et de la foule armée, exposés aux sifflets et aux insultes d'une populace, excitée dès longtemps contre nous par les calomnies de la presse la plus abjecte.

Tous ceux qui, prévoyant de telles horreurs, avaient pu s'enfuir, furent traqués, comme des fauves, à travers les champs et les chemins ; quelques-uns — je le sais avec certitude — furent poursuivis à coups de fusil, beaucoup insultés et brutalisés. Il y en eut même (béni soit le Seigneur qui fut notre modèle à supporter ce genre d'affront !) pour qui on se fit un jeu de leur cracher au visage.

Le nom de ces hommes n'avait jamais été inscrit sur les régistres de la police ; ces criminels d'une nouvelle espèce avaient tout abandonné et sacrifié pour se dédier, sans espoir de récompense humaine, à l'éducation de la jeunesse dans les collèges, à l'évangélisation des barbares dans les pays d'outre-mer, aux fonctions sacerdotales les plus ardues et les plus difficiles, s'imposant héroïquement les plus grands sacrifices ; contre eux, on ne pouvait établir, je ne dis pas même un délit, mais la faute la plus légère — bien qu'on eût répandu des accusations vaines et déclamatoires dans une presse que, dans n'importe quel pays, on eût réduite au silence. Ils n'en furent pas moins enfermés comme des malfaiteurs dans des prisons, victimes des souffrances les plus cruelles, coupés de toute communication avec le reste du monde.

Et qu'on ne croie point que mes paroles soient des exagérations arrachées par la douleur. Non, le dénûment des exilés et les privations des prisonniers ont dépassé de beaucoup ce que j'en peux raconter.

Moi-même—pourquoi ne le dirais-je pas ?—en dehors de ce que la Compagnie avait pu acquérir par son travail et une prudente administration, j'avais droit, j'imagine, à mon patrimoine, employé par moi en acquisitions de biens meubles et immeubles, et de fonds légalement enregistrés en mon nom. Eh bien ! je suis sorti de mon Portugal, sans autre chose que l'habit que je portais ; et encore m'avait-il été acheté par un ami, car je n'avais rien pour me déguiser. Et le peu d'argent dont j'ai pu disposer pour mon voyage jusqu'en France, m'a été donné en aumône par quelqu'un qui ne me connaissait ni de nom, ni de vue, et à qui, pauvre dépouillé pour l'amour de Jésus-Christ, je m'empresse de témoigner ma gratitude.

Quant aux privations de mes chers frères emprisonnés pour la cause de Dieu, je rapellerai que, dans la caserne du 1er régiment d'artillerie où commandait, non pas l'armée, mais la plus vile canaille, il ne fut pas même donné aux prisonniers une cuiller pour manger leur pitance. On ne laissa les lieux d'aisance abordables que toutes les huit heures, et l'on déclara, même aux pauvres malades auxquels cette tyrannique contrainte pouvait coûter la vie, que toute sortie, en dehors des moments réglementaires, devait être considérée comme un prétexte à distraction.

Dans cette même caserne, la nuit, les sentinelles menaçaient les détenus de faire feu si quelqu'un tentait de se lever. Les derniers jours de cet horrible martyre, on osa même introduire auprès des prisonniers des femmes dévergondées, qui furent contraintes de se retirer, déconcertées, malgré leur impudence, par la vertu, la dignité et la modestie de mes admirables frères.

Lorsqu'ils furent transférés à Caxias, la misérable paillasse étendue sur de simples planches, l'unique couverture, le dur traversin qui leur furent distribués, semblèrent aux pauvres détenus un mobilier confortable, en comparaison de celui qu'ils avaient eu à la caserne.

Dans une prison du gouvernement civil, avant d'être transférés à Limoeiro, quelques-uns de nos chers prisonniers connurent des souffrances plus atroces encore que leurs frères dans la caserne du 1er régiment d'artillerie. Bien qu'ils fussent vingt-trois, ils durent s'entasser dans un étroit espace où trois personnes à peine auraient pu être commodément ; et ils durent pendant cinq jours vivre dans ce réduit infect, car on ne leur permettait *de sortir sous aucun prétexte.*

Je sais bien qu'il y eut des officiers et des soldats qui, pour ces jésuites incarcérés, éprouvèrent non seulement de la sympathie, mais de la vénération. De ces sentiments, mes frères innocents, et moi au nom de tous, nous les remercions du fond du cœur. Mais cela n'empêcha pas les effroyables douleurs de ces semaines de calvaire.

Et ce n'est pas tout encore. Lorsque après les rigueurs et les tourments de cette longue passion, il fut question d'exécuter la sentence de bannissement contre ces Portugais, dans le cœur desquels battait, et bat encore l'amour le plus ardent pour leur chère patrie, ces hommes qui nous avaient dépouillés de tout, qui étaient entrés en possession de nos biens meubles et immeubles, eurent le courage (si le mot courage est applicable en pareil cas) de prétendre que ceux qu'ils chassaient, au nom de la loi, hors des frontières, payassent eux-mêmes leur voyage. Et comme un des Pères faisait observer à l'officier que nous n'avions pas de ressources, celui-ci n'hésita pas à répondre : “ Attendez donc ! Lorsque avec nos bons traitements vous aurez commencé à pourrir cet hiver, on ne manquera pas d'argent pour vous délivrer. „

L'argent vint, parce que, en Portugal, tout n'est pas encore conjuré contre l'innocence persécutée. De nombreuses familles firent des souscriptions pour payer le voyage ; les aumônes en nature affluèrent ; et ce ne fut pas sans émotion que je vis arriver en pays étranger tant de nos religieux, revêtus d'habits que nos chers élèves de Campolide leur avaient portés dans les fréquentes visites qu'ils faisaient à leurs maîtres persécutés pour Jésus-Christ. En esprit, je baise la main à tant de bienfaiteurs, et j'embrasse ces bien-aimés jeunes gens qui, sans un signe de notre part, ont secouru notre détresse.

Mais, avant de partir pour l'exil, la plus cruelle des humiliations était reservée aux victimes. De vénérables vieillards, hommes doctes et éminents, respectés dans leur patrie et au-delà, religieux admirés pour leur vertu, de jeunes hommes — quelques-uns étaient encore des enfants, dont le visage disait l'innocence — furent obligés de passer, l'un près de l'autre, au service anthropométrique. Là furent détaillés leurs indices signalétiques : on les photographia, on prit minutieusement les mesures, jusqu'aux phalanges de leurs doigts, comme s'il se fût agi de criminels fameux ; et cela pour produire ensuite dans les journaux leur portrait, avec leur fiche individuelle, — leur fiche d'infamie —. Je ne puis pas ne pas protester spécialement contre cette innommable vexation. Elle n'a pu être supportée que pour l'amour du Seigneur qui, sur la croix, fut rangé au nombre des malfaiteurs.

Il y a, dans la persécution dont nous fûmes les victimes, une circonstance encore que je ne saurais manquer de dénoncer dans cet écrit. Le décret ayant force de loi, publié par le gouvernement provisoire de la République, le 10 octobre 1910, déclare abolies toutes les lois d'exception ; le § 2 de l'article 1er, donnant le motif de cette abolition, dit qu'il n'y a pas dans la République portugaise de " peine perpétuelle, ou de durée illimitée „. Or la loi portée contre la Compagnie de Jésus donne un démenti formel à cette déclaration. Contre nous a été promulguée une loi d'exception, et tellement odieuse, qu'on s'étonne qu'en plein vingtième siècle soit possible une législation aussi draconienne, inspirée par le plus tyrannique despotisme du gouvernement le plus absolu. Et, pour que la contradiction soit encore plus grande avec les promesses libérales de la nouvelle République, la sentence qui nous exile et nous prive des droits des citoyens portugais, est une peine *perpétuelle*, formulée dans ces termes implacables : *jamais plus !*

Tout ce que j'ai pu écrire jusqu'ici est à peine une esquisse rapide de quelques-unes des nombreuses avanies dont nous avons été l'objet au nom de la liberté.

Au spectacle de si effroyables rigueurs, une question naît d'elle-même : *Quelles furent nos fautes ?*

***

J'observe d'abord que jusqu'à l'heure présente, il n'a pas été articulé un seul délit pour justifier les procédés très cruels dont on a usé à notre égard. La loi du 8 octobre n'en formule aucun. Elle fait appel aux lois de Pombal et d'Aguiar tombées en désuétude, elle annule le décret de Hintze Ribeiro ; et puis elle promulgue les vexations, inouïes à notre époque, dont nous sommes encore victimes.

D'autre part, ce qu'on appelle l'opinion publique, bien que surexcitée par les déclamations frénétiques d'une presse haineuse, n'est jamais parvenue à spécifier contre nous d'autres accusations que les vagues et vieilles imaginations des romanciers jacobins.

J'ai beau chercher, je ne trouve dans les colonnes des feuilles antijésuitiques, ou dans les légendes répandues dans la foule crédule, aucun grief qui ne puisse se réduire à l'un de ces six qui vont suivre :

1° Armements et souterrains.
2° Richesses et captation d'héritage.
3° Vocations contraintes.
4° Organisation secrète.
5° Ingérence politique et aversion pour la République.
6° Influence réactionnaire.

Sous le coup d'une persécution par laquelle. le cœur navré du regret de la patrie, mes frères et moi sommes forcés de vivre loin d'elle, je dois à mon pays une protestation solennelle et une réponse catégorique à ces accusations de nos ennemis.

1° *Armements et souterrains.* — Je réponds sans ambages ; nous n'avons jamais eu d'armes, et dans aucune de nos maisons il n'existait de souterrains et d'issue secrète.

Mais s'il y en avait eu, nous aurions été dans notre droit, et peut-être eussions-nous été plus avisés. C'est la faute des temps, disait en termes équivalents le président du Conseil Canalejas, faisant allusion aux armes qu'on disait réunies dans les maisons religieuses.

Quant à ce qui est arrivé à Campolide, la populace entra de

force, envahissant tous les corridors et toutes les chambres, brisant tout, ouvrant les armoires, jetant à terre livres et papiers, et faisant entendre des menaces de mort ; tout cela ne prouve-t-il pas qu'il aurait été fort utile de pouvoir défendre le collège contre un pareil assaut, au moins le temps nécessaire pour donner à la troupe le moyen d'arriver ?

La vérité est qu'il n'y avait aucun moyen de défense. Dans ce vaste édifice de Campolide, nous avions à peine deux fusils de chasse qui servaient à la distraction des maîtres, pendant la quinzaine de vacances qu'ils passaient tous les ans au Val de Rosal. Et l'on ne se servit pas même de ces fusils au moment où fut attaqué le collège.

Et les fusillades qu'on dit avoir eu lieu à Quelhas, et qui, grâce à une note officieuse, non encore démentie complètement, nous ont valu une réputation si infamante ? Suivant les dires d'un écrivain de *l'Illustration* de Paris, le commandant général de Lisbonne, nommé par le gouvernement de la République, aurait déclaré qu'il n'était point prouvé que nos religieux n'avaient pris aucune part à cette aventure. Quelle sorte de gens, revêtus des soutanes qu'ils trouvèrent dans les chambres de la maison, se mirent à tirer des coups de fusil, il ne sera pas difficile de le conjecturer, quand on sait ce qui arriva à Campolide. Là un de ces prétendus jésuites, frappé d'une balle par ses propres compagnons, tomba à terre ; sous son habit sacerdotal d'emprunt, on retrouva son uniforme.

Il est certain qu'au moment où la maison de Quelhas fut envahie, tous les Pères qui en étaient les hôtes étaient en prison depuis deux jours ; et quant aux communications imaginaires par lesquelles on prétend que les Jésuites se seraient introduits pour tirer sur le peuple, personne ne les a vues jusqu'aujourd'hui ; un témoignage autorisé et au-dessus de tout soupçon, a déclaré que dans notre maison il n'y avait d'autres souterrains que les canaux des égouts.

J'ai parlé de Quelhas. Si je parlais de Campolide, je pourrais ajouter que l'enclos était comme sillonné de conduites destinées à amener les eaux dans la splendide citerne bâtie par un de mes prédécesseurs dans le gouvernement de ce collège. Ces conduites ont été visitées, et on en a reconnu la nature. La presse anticléricale n'en a pas moins publié le dessin d'une des bouches, avec la légende : “ Entrée d'un souterrain. „

J'avoue que je n'aurais pas cru qu'un jour dût venir où j'aurais à nous défendre sérieusement devant le public, contre le grief d'armements et de galeries souterraines !

Bien souvent ces contes, dignes des *Mille et Une Nuits* et inventés par la presse jacobine, nous avaient fait passer, à moi et à mes frères en religion, des moments de douce gaieté ; et lorsque, l'an dernier, sur les bruits répandus qu'on faisait des armements au collège de Campolide, un ministre de l'ancien gouvernement me dit que nous ferions bien de prendre des précautions, en prévision d'une attaque, je lui répondis que nous étions disposés à perdre la vie, mais non à l'enlever aux autres.

2° *Richesses et captation d'héritage.* — L'opinion que les jésuites étaient riches était tellement établie en Portugal, qu'elle avait cours non seulement parmi nos adversaires, mais encore chez nos sincères amis.

Supposons donc que ces richesses ne fussent point imaginaires. Je ne vois pas où serait le mal, ni que le seul fait d'être très fortuné fût une faute méritant l'exil. Mais en réalité, cette réputation de Crésus est une pure fable. Plût à Dieu que la Compagnie eût possédé en Portugal des trésors : les occasions n'auraient pas manqué de les employer pour le plus grand bien de la nation. En fait, elle ne les possédait pas, et, souvent, après que j'ai été nommé Supérieur, je me suis vu aux prises avec d'énormes difficultés afin de pourvoir à la subsistance de mes religieux.

En ce qui concerne l'administration des biens de la Compagnie, il court aussi des légendes sans nombre qu'il importe de détruire. Depuis longtemps, j'avais la pensée de faire une série de conférences publiques sur ce point. Mais les conditions d'incognito où nous avait réduits le décret Hintze Ribeiro, m'en enlevaient la possibilité. Dieu sait combien une telle situation m'a mortifié à cause de la franchise de mon caractère ; combien elle m'a paru vexatoire à cause de l'idée que je me suis toujours faite de la liberté, violente à cause de la tendresse, de l'admiration et du respect que je garde à la Compagnie de Jésus.

Deux mots seulement à ce sujet.

La Compagnie qui, dans son gouvernement, est rigoureusement unitaire, dans son administration est souverainement décentralisatrice. Toute maison s'administre elle-même, et il n'y a rien de plus fantastique que cette “ caisse commune „ qui a inspiré tant de mensonges.

En Portugal, si, grâce à la sévère administration des supérieurs, les maisons de la Compagnie n'avaient pas de dettes, leur budget se soldait d'ordinaire sans excédent, et presque toujours avec peine.

Les résidences subsistaient exclusivement des aumônes données pour les messes et les prédications, jointes aux offrandes spontanées des fidèles. Dans les collèges, les dépenses énormes qui étaient faites pour fournir aux élèves la nourriture, les commodités et distractions convenables, et plus encore, les frais nécessités pour maintenir le progrès constant dans les méthodes pédagogiques — dont on pourrait fournir des preuves manifestes — nous obligèrent d'ajourner l'achèvement des édifices, et, par là, le nombre des élèves se trouvait réduit. En outre, la persécution religieuse de 1901 effraya beaucoup de familles, le nombre des élèves de Campolide diminua, et il fut, en conséquence, nécessaire d'interrompre les travaux. Plus tard, tandis que je gouvernais cette maison, je pus avancer les constructions du collège ; mais la campagne haineuse menée contre nous, pendant ces trois dernières années, par la presse jacobine, aboutit au même résultat qu'en 1901. Les travaux étaient suspendus depuis plus de deux ans. Voilà la vérité sur les richesses de nos collèges en Portugal.

Que dirai-je de la " caisse du séminaire „ c'est-à-dire des fonds destinés à la formation des jeunes religieux de la Compagnie ?

Combien, parmi nos ennemis ont publié des pages virulentes sur nos richesses, sans avoir jamais réfléchi aux conditions de notre recrutement et de notre formation !

La formation de la Compagnie est très longue. Le religieux qui parcourt chez nous le cycle complet des études, reçoit une éducation dont la durée varie de quinze à dix-sept ans. Elle comprend la discipline ascétique du noviciat, le cours de littérature, l'étude de la philosophie et de la théologie, et l'on y interçale, généralement, un temps d'apprentissage pédagogique par la pratique de l'enseignement.

D'autre part, la grande majorité (la presque totalité) des vocations à la Compagnie, se recrutait, en Portugal, parmi les fils du peuple, de condition très modeste.

Il résulte de là, que pour une moyenne de deux cents jésuites prêtres ou destinés au sacerdoce, — dont cent étaient toujours appliqués aux études en Portugal ou au dehors — on avait à peine, pour suffire aux dépenses de cette longue formation, quelques maigres patrimoines dont les fonds avaient été libéralement consacrés à cette fin par un nombre restreint de religieux. Et je puis affirmer ici que la grande majorité des nôtres en Portugal n'ont rien apporté à la Compagnie, ou parce que, de fait, ils n'avaient rien à donner, ou parce que, leurs familles en ayant besoin, les supérieurs leur avaient recommandé de disposer de leurs biens en faveur de leurs parents. Il s'ensuivait que le capital destiné à l'instruction de nos jeunes gens était insuffisant pour faire face aux dépenses. Seule, la générosité de riches bienfaiteurs pouvait suppléer à cette pénurie; mais ceux-ci furent très rares en Portugal, et aucun d'eux n'a fait un legs qui rappelle, même de loin, ceux dont la Compagnie bénéficie en d'autres pays, et particulièrement dans les États-Unis de l'Amérique du Nord.

Ceci doit être attribué d'une part, au fait qu'il y a chez nous très peu de grandes fortunes aux mains des catholiques, et, d'autre part, aux préjugés sur les richesses des Jésuites, préjugés qui détournaient nos amis eux-mêmes de songer à nous dans leur libéralité. Mais alors à quoi se réduit l'accusation de captation d'héritages? — A une infâme calomnie, contre laquelle je proteste de toute l'énergie de mon âme.

Les scènes fantastiques qui, si souvent, furent malicieusement dramatisées par nos ennemis, pour susciter contre nous l'indignation des simples, sont une nouvelle édition des fables inventées par les pamphlétaires de tous les âges. En Portugal, les bienfaiteurs qui, dans leur testament, se souvinrent de la Compagnie, furent très rares; et deux seulement laissèrent des sommes de quelque importance.

Si d'autres nous eussent fait du bien de cette manière, nous aurions pu étendre notablement notre action par l'enseignement, la presse, la propagande religieuse et patriotique, aussi bien sur le continent que dans les pays d'outre-mer.

Combien de fois, dans mes conversations intimes avec mes frères, en voyant les nombreux héritages et les grands legs échus aux œuvres de miséricorde, spécialement à Oporto, j'ai fait cette observation : " Qu'écrirait-on, et que dirait-on, si une partie même minime, de ces dons avait été destinée aux œuvres de la Compagnie de Jésus ! „

3° *Les vocations forcées.* — Personne ne se croirait en droit de censurer un membre d'une association quelconque, si — pour l'estime qu'il lui porte, et dans le désir de procurer sa prospérité — il conseillait de s'y faire inscrire.

Une telle démarche ne peut-être réprouvée, et elle est d'autant moins blâmable que la société dont il s'agit est plus parfaite. Tout ordre religieux a donc le droit d'appeler à lui quiconque possède les qualités requises pour y servir Dieu et lui donner son nom.

Je dois néanmoins faire une exception pour la Compagnie, et cette exception étonnera sans doute plus d'un lecteur. Nous avons la recommandation expresse de n'attirer personne à notre Ordre et nous devons nous borner à seconder la vocation divine là où elle se manifeste, mais en nous gardant de toute pression.

Ainsi, je le sais avec certitude, ont toujours procédé mes frères en religion. Et, à parler franc, s'ils avaient agi d'autre sorte, non seulement ils se seraient écartés des instructions de la Compagnie, mais ils se seraient montrés peu avisés ; car, une des premières demandes que nous faisons au candidat, dans l'examen d'admission, est précisément celle-ci : " Quelqu'un de la Compagnie vous y a-t-il attiré ? „ Les jeunes hommes gagnés de la sorte n'auraient certainement pas persévéré ; car la vie de la Compagnie exige tant de sacrifices, la sujétion aux ordres de l'obéissance requiert de nous une telle abnégation, que, seule, une vocation venue de Dieu peut nous assurer la fidélité. Lés manœuvres trop humaines resteraient sûrement stériles.

Ajoutez que la longue formation qui précède les derniers vœux offre, plus que partout ailleurs, de grandes garanties de liberté ; attendu que, jusqu'au dernier moment, durant un espace de dix à dix-sept ans, le religieux peut être libéré de tout lien à l'égard de la Compagnie, et en sera libéré, en effet, s'il ne montre pas une vocation véritable.

Mais nos adversaires de Portugal se sont chargés eux-mêmes de pourvoir à notre défense sur ce point. Peu de semaines avant la proclamation de la République, les journaux sectaires ont publié diverses lettres d'un jésuite à un jeune homme qui, depuis longtemps, demandait d'entrer dans notre ordre. Ces lettres sont un modèle de prudence, de modération, de délicatesse surnaturelle ; et tous ceux qui arrêteront leur attention, je ne dis pas aux titres perfides et aux commentaires mensongers qui les accompagnent, mais au texte pur et simple, trouveront, dans ces documents, la réponse la plus péremptoire aux calomnies semées contre nous.

4° *Organisation secrète.* — Certes, si cette organisation existait, il n'appartenait pas aux hommes, qui se donnent pour protecteurs des sociétés secrètes de nous persécuter pour cette raison.

Mais il n'y a pas d'accusation plus fausse à notre sujet. L'Institut et les Règles de saint Ignace se trouvent dans toutes les bibliothèques publiques. Qui le veut, peut les lire et les étudier.

En Portugal l'*incognito* gardé par la Compagnie lui fut imposé, malgré elle, par ceux qui, se trouvant à la tête d'un gouvernement qui se prétendait catholique, n'avaient pas le courage de concéder, à un ordre religieux approuvé et loué par le Saint-Siège, la liberté dont il jouit dans des pays protestants. Nous nous couvrîmes alors du nom d' " Association Foi et Patrie „. Et, à dire vrai, quand on nous menaçait de dispersion ou d'exil, nous devions être contents de cette apparence de liberté.

Nous avons profité du peu qui nous était accordé pour travailler, dans les étroites limites permises, au bien de la religion et du Portugal.

Mais, comme je l'ai déclaré plus haut, rien n'était plus contraire à notre inclination et à notre pensée, que cette condition, dans laquelle nous devions passer pour inconnus, bien que, finalement, nous fussions connus de tout le monde. Le présent gouvernement de la République, qui possède les catalogues particuliers des emplois et des personnes des jésuites portugais, pourra voir là, s'il lui plaît, la preuve que, de notre part, il n'y avait aucun motif de nous cacher et de ne pas prendre au grand jour, le titre, dont nous sommes, après celui de chrétiens, le plus fiers : celui de religieux de la Compagnie de Jésus.

5° *Ingérence politique et aversion pour la République.* — Les opinions exposées dans plusieurs articles du *Messager ;* la réputation qu'on nous faisait de provoquer l'attitude militante du *Portugal* pendant ces dernières années ; les fables sans nombre répandues dans les journaux à l'occasion des dernières élections fournirent le prétexte à une accusation d'ingérence politique.

Mais, en ce qui concerne le *Messager,* ses articles sont publics et chacun peut les lire. Les doctrines qui y sont exposées sur la coopération des électeurs à la promulgation et à l'exécution des lois, la solidarité des membres d'un parti concernant son programme, ses traditions, sa tactique, sont les doctrines courantes dans toutes les nations où la culture des citoyens et l'étude de la sociologie catholique ne sont pas restées dans le déplorable abandon où elles gisaient parmi nous. En dehors du Portugal, ces notions sont très répandues par les mandements des évêques, l'enseignement ecclésiastique, et l'ample diffusion des journaux et des livres ; chez nous elles sont inconnues ; et cela seul explique l'étonnement, avec lequel étaient accueillies comme des nouveautés, les conclusions d'éthique et de théologie morale devenues banales dans les autres pays catholiques. Mais, quelles que soient les différences d'opinion sur ce point ou sur d'autres, les raisons surabondent pour se demander quelle espèce de liberté demeure dans un pays, lorsqu'il faut mettre en question si un théologien et un moraliste a le droit d'exposer et de défendre dans un périodique, l'opinion qu'il tient sur une matière de sa spéciale compétence.

Quant au *Portugal,* la lettre récemment publiée par son directeur, me dispenserait de répondre. Il déclare que, durant toute cette dernière période (qui est la plus attaquée pour l'attitude belliqueuse du journal) la Compagnie n'y fut pour rien. Qu'on ne voie pas dans ces paroles un subterfuge, comme si je réprouvais l'énergie et la vigueur dans la presse catholique ! Non. La vérité doit être défendue avec courage. Les ennemis de la cause de Dieu revendiquent pour eux le droit à toutes les violences de langage, ils ne reculent pas devant le mensonge, la calomnie et tant d'autres procédés inadmissibles. Précisément parce qu'on ne peut lutter contre eux avec les mêmes armes (défendues qu'elles sont par la probité et la morale chrétienne), il faut au moins les combattre avec autant d'énergie que d'impartialité, et sans ménagements si précautionneux.

Un journal jacobin de Lisbonne a publié naguère une lettre de moi, dans laquelle je demandais au destinataire de s'employer à recueillir des subsides pour l'entreprise que dernièrement dirigeait le *Portugal*. Je ne m'attarde pas à protester contre cette publication abusive d'une lettre privée, ni à blâmer les gloses insidieuses dont le journal en a accompagné le texte. Je veux seulement faire observer que la sollicitude montrée par moi dans cette lettre à l'égard de la dernière entreprise du *Portugal*, prouve que l'orientation générale de ce journal catholique n'était pas en désaccord avec ma manière de voir. Mais où est le crime ? Et où serait-il encore, même si les articles véhéments du *Portugal* dans sa dernière période étaient dus à la plume d'un jésuite ?

Finalement, en ce qui concerne les dernières élections, je déclare que je repousse énergiquement les contes qu'une presse sans scrupule a débités sur mes religieux. Je ne parle point des propos ineptes sur les Jésuites qui, le crucifix à la main, auraient mendié des votes en faveur des nationalistes, ou des prédicateurs qui auraient menacé de l'enfer quiconque refuserait sa voix au gouvernement. Ce sont là des inventions folles ; qui les colporte montre qu'il n'a aucune connaissance de nos personnes ni de nos méthodes. Jamais aucun de mes religieux n'a pratiqué ces pitreries. Je le dirai même, au risque d'en étonner beaucoup : peu de jésuites allèrent voter.

Quelles raisons justifient cette attitude ? Ce n'est point le lieu d'en parler ; je me contente d'affirmer que le vote, dans les circonstances actuelles, est un devoir de conscience dont on ne saurait se dispenser que par exception, et pour de graves motifs.

Je n'aurais rien à dire des conseils donnés dans des consultations privées, ou de conscience, si je ne tenais compte de l'indignation feinte avec laquelle la presse ennemie a voulu travestir les faits, sans tenir compte des circonstances.

Le dernier gouvernement de la monarchie s'est montré ouvertement anticlérical ; après plusieurs actes attentatoires aux droits de l'Eglise, il avait commencé à persécuter les ordres religieux ; et quiconque ne voulait pas fermer les yeux à l'évidence pouvait deviner que ses intentions, relativement aux congrégations, étaient celles-là même que révèle le dernier décret signé par le roi, un jour avant sa chute, celles dont les journaux ont parlé naguère, lorsque la monarchie était déjà tombée. Or, quel est le prêtre catholique qui, en présence de ces manières de faire, et à moins d'oublier son devoir de sentinelle d'Israël, n'aurait point averti du péril, et fait retentir, sans crainte aucune, le *Non tibi licet* du saint Précurseur.

Sur ce point de la politique comme sur tant d'autres, j'ai eu l'honneur d'être calomnié, sans preuve aucune, par les ennemis de la Compagnie. Ils ont attribué à mon gouvernement comme provincial, une nouvelle orientation donnée à l'Ordre en Portugal. Mais la vérité est que jamais, comme supérieur, je n'ai dû intervenir, même par un conseil dans le sens que ces folliculaires ont perfidement insinué. La politique de la Compagnie est aujourd'hui ce qu'elle a toujours été : la politique du *Pater noster:* " Que votre Règne arrive, que votre Volonté soit faite sur la terre comme au Ciel ! „

Les ennemis de Dieu et de l'Église ne peuvent nous pardonner cet idéal, et notre continuel labeur pour le réaliser. De là la haine implacable avec laquelle ils nous ont, dans tous les temps, persécutés. Pour variées que soient les accusations diverses qui, à des époques différentes et en différents pays, ont pu servir de prétexte à la guerre menée contre la Compagnie, les accusateurs ont toujours été les mêmes : des ennemis de Dieu et de l'Église catholique.

Ce qui arrive maintenant le prouve à l'évidence. On dit que nous Jésuites, nous sommes les plus tenaces des adversaires de la République, et que, pour cela même, il faut nous traiter avec plus de rigueur que les autres. Vain prétexte. La Compagnie de Jésus n'a rien contre les institutions républicaines comme telles. Lorsque le gouvernement absolu prédominait chez tous les peuples civilisés, les grands auteurs de l'Ordre, réputés encore aujourd'hui comme des maîtres dans les sciences philosophiques et théologiques, mettaient en relief, dans leurs œuvres, les principes fondamentaux de la vraie démocratie ; et, aujourd'hui les provinces de la Compagnie qui jouissent de la plus grande prospérité et de la liberté la plus étendue, sont situées en des Républiques. Il suffit de citer les cinq provinces érigées dans les

Etats-Unis de l'Amérique du Nord. Il n'y a donc aucune opposition entre les Jésuites et le gouvernement démocratique.

On dira peut-être qu'en Portugal ils montraient de l'aversion pour la République. Avant tout, la Compagnie, où qu'elle se trouve, procède comme l'Église, soutenant les pouvoirs établis : et le Portugal était, il y a peu de temps encore, une monarchie.

Mais il y avait une raison plus forte de ne point être favorable au mouvement républicain portugais, c'est à savoir que la République, dans les faits, n'est pas la république idéale des sociologues. Ceux qui, au concret, constituent la République, ce sont les républicains. Or, qu'étaient les républicains portugais ? Je ne parle pas de quelques rares exceptions, mais de la majorité, de la presque totalité des organisateurs et des directeurs du parti. C'étaient des hommes ouvertement contraires à la religion, défenseurs de l'athéisme, ou tout au moins de l'indifférentisme officiel de l'Etat. Nous donc, à moins d'être illogiques, bien plus, sous peine de trahir nos principes religieux et les droits de Dieu sur la société, comment aurions-nous pu favoriser une révolution par laquelle le gouvernement passerait aux mains de ces hommes ? Eux-mêmes se sont chargés de nous donner raison par leur conduite présente, tout comme le dernier gouvernement de la monarchie s'était chargé de démontrer par les faits combien était fausse l'idée que nous en avions.

Je confesse que j'avais grand' peur des folies jacobines et de l'intolérance de ces apologistes de la liberté. Mais, dût-on m'accuser d'ingénuité ou d'imprévoyance, je n'aurais jamais imaginé ce que nous voyons aujourd'hui de nos yeux.

6° *Influence réactionnaire.* — J'ai écarté tous les prétextes invoqués pour justifier la tyrannie, les actes arbitraires, les spoliations, le piétinement scandaleux de la liberté, les persécutions dont mes frères et moi sommes victimes. Il reste, comme dernier motif de cet incroyable anachronisme des lois ressuscitées contre nous, cette vieille accusation, tant de fois ressassée, thème à faciles et niaises déclamations : notre influence réactionnaire.

Ici, nos ennemis ont raison. Si l'esprit réactionnaire est l'esprit de fidélité et d'amour à l'Eglise catholique, le sacrifice pour la personne de Notre-Seigneur Jésus-Christ, une constance tenace à ne point négliger un iota de la loi par lui promulgée ; si notre influence réactionnaire consiste à donner chaque jour une importance plus grande à l'éducation et à l'instruction, à vouloir former, dans nos collèges, avant toute chose, de bons chrétiens, à nous fatiguer pour susciter en Portugal une pléiade de catholiques courageux et actifs, familiers avec la prière, mais résolus à " tout restaurer dans le Christ „ par leurs paroles et leurs exemples ; si elle consiste à user de tous les moyens en notre pouvoir : la chaire, le confessionnal, l'enseignement, la presse, pour faire triompher la gloire de Dieu et procurer, dans la plus large mesure, le salut des âmes : — alors, oui, nous avons été, nous sommes des réactionnaires ; nous avons voulu avoir une influence réactionnaire, et nous nous sommes rendus coupables de délit réactionnaire.

Étrange délit, en vérité, dans un pays où l'on crie aux quatre vents : liberté de conscience, liberté de la parole, liberté de la presse ! Étrange délit, qui nous est reproché par des hommes qui accusaient le gouvernement déchu de restreindre la liberté, tandis qu'eux, dans les colonnes de leurs journaux et la rhétorique de leurs clubs, ils se permettaient les attaques les plus violentes contre l'autorité et ses représentants. Etrange délit, et dont nous sommes châtiés par ceux qui n'ont cessé de répéter qu'à chacun est permise la propagande et la lutte pour ses idées.

Et quels autres moyens avons-nous employés ? Est-ce que, peut-être, pour amener les autres à nos opinions, ou les punir d'y résister, on nous a vus envahir leurs maisons, nous approprier leurs biens, les menacer de la prison, les traîner, exposés aux sifflets d'une populace, les incarcérer, les arracher aux douceurs de la patrie et de la famille, les exiler pour toute leur vie ? Non, tels ne furent pas nos moyens. Ceux-ci sont à l'usage des prôneurs de la liberté qui, au lieu de dresser chaire contre chaire, tribune contre tribune, au lieu de répondre à nos raisons avec impartialité et courtoisie, trouvent plus commode et plus sommaire de nous fermer la bouche de force, et de mettre hors des frontières les propagandistes des idées auxquelles ils n'ont jusqu'à présent répondu que par des déclamations et des insultes.

***

En face de ces répugnantes injustices, à la vue de ces extorsions tyranniques, de ces despotismes rendus plus cruels par l'ironie qui les emploie au nom de la liberté, est-ce que nous ne devions point écrire cette protestation et faire entendre à notre pays une voix indignée, mais pleine de larmes et d'amour ?

Avec ces dernières paroles, j'ai découvert le fond de ma pensée. En dépit de l'amertume que j'éprouve pour de si grandes injustices commises contre des innocents, dans les cœurs des victimes prévalent les sentiments de regret et de pardon.

Regret, parce que nous sommes séparés de ce bien-aimé Portugal qu'on veut nous empêcher d'appeler notre patrie, mais que nous continuerons d'aimer tendrement comme tel, tant que nous aurons un souffle de vie. Regret pour ces œuvres auxquelles nous avons consacré le meilleur de nos efforts, pour ces églises où nous avons prêché l'Evangile, pour ce clergé qui sut mériter notre gratitude par sa bienveillance et sa confiance, pour ces ordres et congrégations religieuses que nous vénérions et auxquels nous envions le champ d'action qui leur est laissé, malgré l'injustice qui l'a trop restreint. Regret pour ces populations qui, avec tant d'effusion, nous rendaient amour pour amour, pour ces amis et bienfaiteurs qui, dans les associations pieuses des deux sexes, agréaient avec tant de reconnaissance et aidaient avec tant de désintéressement notre zèle. Regret pour cette jeunesse bien-aimée pour laquelle nous aurions de bon gré, donné mille vies.

Et, à ce sentiment, nous unissons sans peine — sans la moindre peine — et du fond du cœur le sentiment du pardon. Si le divin Maître a pu dire du haut de la croix : “ Pardonnez-leur, ô Père, parce qu'ils ne savent ce qu'ils font „, pourquoi ne le dirions-nous pas, nous, en faveur de ceux qui, peut-être, en nous persécutant, obéirent en grande partie, à l'aveugle impulsion du préjugé ? Pourquoi ne le dirions-nous pas en faveur de ceux qui nous ont dépouillés et exilés, sans nous connaître autrement qu'à travers le faux jour d'une littérature ennemie et haineuse ?

C'est pourquoi, au milieu des larmes, des amertumes, et en mangeant le pain de l'exil, nous pensons à eux ; et nous supplions le Dieu qui éclaire les esprits et touche les cœurs, de faire resplendir à leurs yeux la vérité. Nous le supplions pour que le Portugal aussi puisse être gouverné avec un véritable esprit de liberté et que le Seigneur qui est *la Voie, la Vérité et la Vie*, guide, éclaire et vivifie la patrie à laquelle nous sommes attachés d'un si grand amour.

Madrid, 5 Novembre 1910.

Louis de Gonzague Cabral,
Provincial de Portugal.

Imprimé par Jules De Meester, à Roulers.

www.ingramcontent.com/pod-product-compliance
Lightning Source LLC
LaVergne TN
LVHW020501230826
846091LV00008BA/3316

* 9 7 8 2 0 1 9 2 3 4 9 7 3 *